LE GUIDE PRATIQUE POUR FAIRE SES COURSES ET SE NOURRIR EN DÉPENSANT MOINS

Sylvain MILON

SOMMAIRE

INTRODUCTION

Bienvenue dans "Le Guide Pratique pour Faire ses Courses et se Nourrir en Dépensant Moins". Dans notre société où le coût de la vie ne cesse d'augmenter, maîtriser ses dépenses alimentaires est devenu un enjeu majeur pour de nombreuses personnes. Ce livre a été conçu dans le but de vous fournir des conseils pratiques, des astuces et des stratégies efficaces pour économiser de l'argent tout en se nourrissant de manière saine et équilibrée.

Au fil des chapitres, vous découvrirez comment optimiser votre budget alimentaire sans sacrifier la qualité de vos repas. Nous aborderons des sujets tels que la planification des achats, la chasse aux bonnes affaires, l'achat en vrac, la cuisine économique et bien plus encore. Vous apprendrez également comment réduire le gaspillage alimentaire, cultiver vos propres aliments et tirer parti des marchés locaux.

Chaque chapitre de ce livre vous fournira des informations détaillées, des conseils pratiques et des exemples concrets pour vous aider à mettre en pratique les principes de l'épargne alimentaire. Que vous soyez un étudiant à petit budget, une famille nombreuse ou simplement quelqu'un qui souhaite réduire ses dépenses, ce guide vous accompagnera dans votre démarche.

Préparez-vous à explorer les différentes facettes de la consommation alimentaire responsable et à découvrir comment vous pouvez faire des économies sans pour autant sacrifier votre plaisir de manger. Suivez-nous dans ce voyage pour apprendre à faire vos courses et vous nourrir en dépensant moins, tout en préservant votre santé, votre porte-monnaie et l'environnement.

CHAPITRE 1: LES FONDAMENTAUX DE L'ÉPARGNE ALIMENTAIRE

L'épargne alimentaire est un concept qui peut sembler complexe, mais en comprenant ses fondamentaux, vous serez en mesure de maîtriser vos dépenses et de réaliser des économies significatives sur votre budget alimentaire. Dans ce premier chapitre, nous allons explorer les principes de base de l'épargne alimentaire et vous donner des conseils pratiques pour commencer à économiser dès aujourd'hui.

1.1 Comprendre vos besoins alimentaires

La première étape pour économiser de l'argent sur vos courses alimentaires est de comprendre vos besoins réels en termes de nutrition. Il est essentiel de consommer une alimentation équilibrée, mais cela ne signifie pas nécessairement dépenser une fortune. Familiarisez-vous avec les groupes alimentaires essentiels tels que les protéines, les glucides, les lipides, les fruits et légumes, et les produits laitiers. Identifiez les aliments qui répondent à ces besoins et qui sont abordables, tels que les légumineuses, les céréales complètes, les fruits et légumes de saison, et les sources de protéines peu coûteuses comme les œufs ou le poulet.

1.2 Établir un budget alimentaire réaliste

Pour économiser de l'argent, il est essentiel de définir un budget alimentaire réaliste. Analysez vos revenus et vos dépenses mensuelles pour déterminer combien vous pouvez allouer à votre alimentation. Fixez-vous des limites et essayez de respecter ce budget lors de vos courses. Privilégiez les produits de base et évitez les achats impulsifs. Planifiez vos repas à l'avance et faites une liste de courses pour vous aider à rester fidèle à votre budget.

1.3 Comparer les prix et les marques

L'une des clés de l'épargne alimentaire est la comparaison des prix. Ne vous contentez pas d'acheter des produits au hasard, prenez le temps de comparer les prix dans différents magasins et de rechercher les promotions et les offres spéciales. Parfois, les produits de marque sont plus chers que les produits génériques, alors n'hésitez pas à opter pour des alternatives moins coûteuses. La qualité des produits génériques est souvent similaire à celle des marques populaires, mais à un prix inférieur.

1.4 Éviter le gaspillage alimentaire

Le gaspillage alimentaire est non seulement une perte d'argent, mais aussi un problème environnemental majeur. Pour économiser, veillez à utiliser vos aliments de manière judicieuse. Planifiez vos repas en fonction des aliments que vous avez déjà dans votre réfrigérateur et votre garde-manger. Utilisez les restes pour préparer de nouveaux plats ou congelez-les pour une utilisation ultérieure. Soyez conscient de la durée de conservation des aliments et de la façon de les stocker correctement pour éviter les pertes inutiles.

1.5 Cuisiner à la maison

La préparation de repas à la maison est généralement beaucoup moins chère que manger au restaurant ou commander des plats à emporter. Investissez du temps dans la planification des repas et la préparation des aliments. Apprenez à cuisiner des plats simples et économiques à partir d'ingrédients de base. Expérimentez avec les épices et les herbes pour ajouter de la saveur à vos plats sans dépenser une fortune. Préparez des portions suffisantes pour plusieurs repas afin d'économiser du temps et de l'argent.

En comprenant et en appliquant ces fondamentaux de l'épargne alimentaire, vous serez en mesure de réduire vos dépenses tout en maintenant une alimentation saine et équilibrée. Dans les chapitres suivants, nous explorerons en détail chacun de ces aspects et vous fournirons des stratégies supplémentaires pour économiser encore plus sur votre budget alimentaire. Préparez-vous à découvrir comment faire des économies sans compromettre la qualité de votre alimentation.

CHAPITRE 2: PLANIFICATION DE VOS ACHATS ET CRÉATION DE LISTES

La planification de vos achats et la création de listes sont des étapes essentielles pour optimiser votre budget alimentaire et éviter les dépenses superflues. Dans ce chapitre, nous vous guiderons à travers les meilleures pratiques pour planifier vos achats de manière efficace et créer des listes de courses stratégiques.

2.1 Évaluez vos besoins

Avant de vous rendre au supermarché, prenez le temps d'évaluer vos besoins alimentaires pour la période à venir. Passez en revue votre réfrigérateur, votre garde-manger et vos réserves, et notez les articles qui doivent être réapprovisionnés. Tenez compte des repas que vous prévoyez de cuisiner et des ingrédients nécessaires. Cela vous aidera à éviter les achats impulsifs et à acheter uniquement ce dont vous avez réellement besoin.

2.2 Planifiez vos repas

La planification des repas est un élément clé de la gestion

de votre budget alimentaire. Asseyez-vous et établissez un plan hebdomadaire ou mensuel des repas. Choisissez des recettes qui utilisent des ingrédients similaires afin de maximiser leur utilisation et de réduire le gaspillage alimentaire. Prévoyez également des repas simples et rapides pour les jours où vous n'avez pas beaucoup de temps pour cuisiner. Une fois que vous avez planifié vos repas, notez les ingrédients nécessaires pour chaque recette.

2.3 Créez une liste de courses

La création d'une liste de courses est une étape cruciale pour éviter les achats impulsifs et rester concentré sur vos besoins réels. Utilisez votre plan de repas et votre évaluation des besoins pour dresser une liste complète des articles que vous devez acheter. Classez les éléments par catégorie, comme les produits laitiers, les légumes, les céréales, etc., pour faciliter votre parcours dans le supermarché. Veillez à inclure également les articles non alimentaires, tels que les produits de nettoyage ou les articles de toilette, pour éviter les allers-retours inutiles.

2.4 Restez fidèle à votre liste

Une fois que vous avez créé votre liste de courses, il est essentiel de vous y tenir autant que possible. En suivant votre liste, vous éviterez d'acheter des produits non nécessaires ou impulsifs. Soyez discipliné et résistez aux tentations des promotions ou des produits en tête de gondole qui ne sont pas sur votre liste. Si vous tombez sur une offre intéressante sur un article que vous utilisez régulièrement, vous pouvez le considérer, mais veillez à ne pas dévier considérablement de votre liste initiale.

2.5 Explorez les alternatives économiques

Lorsque vous établissez votre liste de courses, gardez à l'esprit les alternatives économiques pour certains produits. Par exemple, au lieu d'acheter des fruits et légumes hors saison qui peuvent être plus chers, optez pour ceux de saison qui sont généralement moins chers et plus frais. Expérimentez également avec des marques génériques qui offrent souvent des produits de qualité à un prix inférieur. Soyez ouvert à essayer de nouvelles marques ou de nouveaux produits, vous pourriez être agréablement surpris par leurs saveurs et leurs économies.

La planification de vos achats et la création de listes de courses sont des outils puissants pour optimiser votre budget alimentaire. En évaluant vos besoins, en planifiant vos repas, en créant des listes détaillées et en restant fidèle à celles-ci, vous serez en mesure de mieux contrôler vos dépenses et d'éviter les achats impulsifs. Dans le prochain chapitre, nous aborderons les astuces pour faire des économies au supermarché et maximiser la valeur de votre argent lors de vos courses.

CHAPITRE 3: LES ASTUCES POUR FAIRE DES ÉCONOMIES AU SUPERMARCHÉ

Le supermarché est l'endroit où la plupart d'entre nous effectuent leurs achats alimentaires. C'est aussi un lieu où les tentations sont nombreuses, et il est facile de se laisser emporter et de dépenser plus que prévu. Dans ce chapitre, nous partagerons avec vous des astuces pratiques pour faire des économies au supermarché et optimiser votre budget alimentaire.

3.1 Faites une liste et respectez-la

Nous avons déjà abordé l'importance de créer une liste de courses dans le chapitre précédent, mais il convient de le répéter. Faire une liste détaillée avant de vous rendre au supermarché vous permet de vous concentrer sur les articles dont vous avez réellement besoin. Respectez cette liste autant que possible et évitez les achats impulsifs. Une liste vous aide également à économiser du temps en vous dirigeant directement vers les rayons où se trouvent les articles dont vous avez besoin.

3.2 Évitez les courses lorsque vous avez faim

Une règle d'or pour économiser au supermarché est d'éviter de faire vos courses lorsque vous avez faim. Lorsque vous avez l'estomac vide, vous êtes plus enclin à acheter des aliments impulsivement, souvent des snacks et des produits hautement transformés. Prévoyez de faire vos courses après un repas ou emportez une collation légère pour éviter les fringales et les achats inutiles.

3.3 Comparez les prix et recherchez les promotions

Prenez le temps de comparer les prix des produits similaires dans différentes marques et tailles d'emballage. Parfois, un produit de marque peut être plus cher que son équivalent générique sans offrir de réelle différence en termes de qualité. Recherchez également les promotions et les offres spéciales, telles que les achats en lots ou les réductions sur les produits en fin de vie. Cependant, soyez prudent avec les promotions sur les produits périssables, car vous pourriez être tenté d'en acheter plus que nécessaire et de gaspiller ensuite.

3.4 Privilégiez les produits en vrac

L'achat en vrac peut être une excellente façon d'économiser de l'argent sur certains produits de base tels que les céréales, les pâtes, les légumineuses ou les fruits secs. Les supermarchés proposent souvent des sections dédiées aux produits en vrac où vous pouvez choisir la quantité souhaitée. Non seulement cela vous permet d'économiser de l'argent, mais cela réduit également les emballages et le gaspillage.

3.5 Soyez attentif aux dates de péremption et à la qualité des produits

Lorsque vous faites vos courses, prenez le temps de vérifier les dates de péremption des produits que vous achetez, en particulier les produits frais. Choisissez des produits avec des dates de péremption plus longues pour éviter les pertes et le gaspillage. En ce qui concerne les fruits et légumes, choisissez ceux qui sont frais, mûrs et exempts de défauts évidents.

CHAPITRE 4: CHASSE AUX BONNES AFFAIRES: COUPONS, OFFRES ET PROMOTIONS

Lorsqu'il s'agit de faire des économies au supermarché, il est essentiel de tirer parti des coupons, des offres spéciales et des promotions. Dans ce chapitre, nous explorerons les différentes façons de chasser les bonnes affaires et d'optimiser vos économies lors de vos courses.

4.1 Les coupons de réduction

Les coupons de réduction sont un moyen populaire d'économiser de l'argent sur vos achats. Ils peuvent être trouvés dans les journaux, les magazines, les sites web dédiés aux coupons et même directement dans les supermarchés. Prenez l'habitude de collecter les coupons qui correspondent à vos besoins et à vos préférences alimentaires. Gardez-les bien organisés et vérifiez régulièrement leur date d'expiration. Lorsque vous faites vos courses, utilisez les coupons correspondants pour obtenir des réductions sur les articles sélectionnés.

4.2 Les offres et promotions en magasin

Les supermarchés proposent souvent des offres et promotions spéciales sur certains produits. Tenez-vous informé des offres en consultant les dépliants publicitaires, les sites web des supermarchés ou en vous inscrivant à leurs newsletters. Ces offres peuvent inclure des réductions de prix, des achats en lots, des offres de type "achetez un, obtenez-en un gratuitement" ou des cartes de fidélité offrant des avantages supplémentaires. Planifiez vos achats en fonction de ces offres et profitez-en pour économiser sur vos articles préférés.

4.3 Les applications et sites web de cashback

Les applications et sites web de cashback sont devenus de plus en plus populaires pour faire des économies. Ils fonctionnent en vous offrant un pourcentage de remise sur vos achats dans certains magasins partenaires. Il vous suffit de télécharger l'application ou de vous inscrire sur le site web, de sélectionner les offres disponibles et de prendre une photo de votre reçu de caisse après avoir fait vos achats. Le montant de cashback accumulé peut être remboursé via des virements bancaires, des cartes-cadeaux ou d'autres moyens spécifiques à chaque application ou site web.

4.4 Les programmes de fidélité

De nombreux supermarchés proposent des programmes de fidélité qui récompensent les clients réguliers avec des avantages spéciaux. Ces programmes peuvent inclure des points que vous pouvez accumuler pour obtenir des réductions ou des articles gratuits, des coupons exclusifs réservés aux membres du programme ou des promotions spéciales réservées aux membres. Inscrivez-vous aux programmes de fidélité de vos supermarchés préférés et utilisez votre carte de fidélité à chaque achat pour maximiser vos économies.

4.5 Les réductions de fin de journée

Certains supermarchés offrent des réductions sur les produits frais en fin de journée, juste avant la fermeture du magasin. Ces réductions sont souvent appliquées aux produits proches de leur date de péremption, mais qui restent encore consommables. Si vous êtes flexible et prêt à utiliser ces produits rapidement ou à les congeler pour une utilisation ultérieure, vous pouvez faire de bonnes affaires et économiser de l'argent en optant pour ces réductions.

En utilisant ces stratégies de chasse aux bonnes affaires, vous serez en mesure de maximiser vos économies et de profiter de réductions intéressantes lors de vos courses. N'oubliez pas de rester organisé, de vérifier régulièrement les offres disponibles et d'être attentif aux dates d'expiration des coupons et des promotions. Dans le prochain chapitre, nous aborderons l'achat en vrac et comment il peut vous aider à faire des économies significatives sur certains produits de base.

CHAPITRE 5: ACHETER EN VRAC: ÉCONOMIES ET RÉDUCTION DES DÉCHETS

L'achat en vrac est devenu une tendance populaire pour faire des économies tout en adoptant une approche plus durable de la consommation. Dans ce chapitre, nous explorerons les avantages de l'achat en vrac, les meilleures pratiques et les astuces pour économiser de l'argent tout en réduisant les déchets.

5.1 Les avantages de l'achat en vrac

L'achat en vrac présente de nombreux avantages à la fois sur le plan économique et environnemental. Tout d'abord, il permet de réaliser des économies significatives sur le coût des produits. En achetant en vrac, vous évitez les frais d'emballage individuel, les coûts de marketing et les marges plus élevées des produits préemballés. De plus, l'achat en vrac permet de réduire les déchets d'emballage, ce qui contribue à la préservation de l'environnement. En optant pour des contenants réutilisables, vous pouvez également éviter l'utilisation excessive de plastique et de matériaux jetables.

5.2 Quels produits acheter en vrac

De nombreux produits peuvent être achetés en vrac, ce qui permet d'économiser de l'argent et de réduire les déchets. Les produits couramment disponibles en vrac comprennent les céréales, les légumineuses, les pâtes, le riz, les noix, les graines, les épices, le café, le thé, les produits de nettoyage, les produits de beauté et bien plus encore. Avant de faire vos achats en vrac, identifiez les produits que vous utilisez régulièrement et qui sont disponibles dans cette forme. Assurez-vous également de disposer de contenants réutilisables appropriés pour stocker ces produits une fois achetés en vrac.

5.3 Trouver des magasins en vrac

La recherche de magasins proposant des produits en vrac est essentielle pour réussir vos achats en vrac. Cherchez des épiceries en vrac, des coopératives alimentaires ou des magasins spécialisés dans votre région. De plus en plus de supermarchés proposent également des sections dédiées aux produits en vrac. Faites des recherches en ligne, demandez des recommandations à votre entourage et explorez les options disponibles près de chez vous.

5.4 Préparation avant les achats

Avant de vous rendre dans un magasin en vrac, prenez le temps de vous préparer. Faites une liste des produits que vous souhaitez acheter en vrac et évaluez les quantités dont vous avez besoin. Assurez-vous d'avoir des contenants réutilisables propres et prêts à être remplis. Pesez vos contenants vides pour faciliter la pesée des produits en magasin, car certains établissements facturent les produits en fonction de leur poids.

5.5 Astuces pour économiser davantage

Voici quelques astuces supplémentaires pour économiser davantage lors de vos achats en vrac :

- Comparez les prix : Même en achetant en vrac, il peut y avoir des variations de prix entre les magasins. Prenez le temps de comparer les prix pour vous assurer d'obtenir la meilleure offre.

- Achetez en grandes quantités : Si vous utilisez régulièrement un produit en vrac, envisagez d'acheter une plus grande quantité pour bénéficier de prix réduits. Assurez-vous simplement de pouvoir utiliser le produit avant sa date de péremption.

- Recherchez les offres spéciales : Certains magasins en vrac proposent également des offres spéciales sur certains produits. Gardez un œil sur ces promotions pour économiser encore plus.

- Faites du meal prep : En achetant certains produits en vrac, vous pouvez planifier des repas à l'avance et préparer de plus grandes quantités de nourriture. Cela vous permet de faire des économies et de gagner du temps en cuisinant des repas à l'avance.

L'achat en vrac est une approche économique et durable de la consommation alimentaire. En réduisant les déchets d'emballage et en réalisant des économies, vous pouvez contribuer à un mode de vie plus respectueux de l'environnement tout en maintenant un budget alimentaire raisonnable. Dans le prochain chapitre, nous aborderons l'art de la négociation et comment vous pouvez l'appliquer pour obtenir des rabais supplémentaires lors de vos achats.

CHAPITRE 6: L'ART DE LA NÉGOCIATION: MARCHANDAGE ET RABAIS

L'art de la négociation peut être une compétence précieuse pour réaliser des économies supplémentaires lors de vos achats. Que ce soit au marché local, chez un artisan ou même dans un supermarché, apprendre à négocier peut vous permettre d'obtenir des rabais intéressants. Dans ce chapitre, nous explorerons les différentes techniques de négociation et comment les appliquer avec succès.

6.1 La préparation avant la négociation

Avant d'entamer une négociation, il est important de se préparer adéquatement. Renseignez-vous sur le produit ou le service que vous souhaitez acheter et faites des recherches sur les prix courants. Comparez les offres disponibles dans différents magasins ou auprès de différents vendeurs pour avoir une idée du prix moyen. Cela vous donnera une base solide lors de la négociation et vous aidera à déterminer jusqu'où vous pouvez aller pour obtenir un rabais.

6.2 La maîtrise de l'art de la persuasion

La persuasion est une compétence clé dans la négociation. Apprenez à communiquer clairement et efficacement avec le vendeur. Mettez en avant les avantages d'un achat chez eux, mettez en valeur votre fidélité en tant que client ou soulignez les bénéfices mutuels d'une réduction de prix. Soyez poli, respectueux et engagez une conversation amicale avec le vendeur pour établir une relation de confiance.

6.3 Le marchandage

Le marchandage est une technique de négociation couramment utilisée dans les marchés locaux et les situations où le prix n'est pas fixe. Lorsque vous marchandez, commencez par proposer un prix inférieur à celui demandé par le vendeur, mais restez réaliste. Soyez prêt à justifier votre offre en mettant en avant des raisons valables telles que la qualité du produit, les défauts mineurs ou la présence d'autres offres concurrentes. N'hésitez pas à exprimer votre intérêt réel pour le produit, mais soyez prêt à vous retirer si vous n'obtenez pas le prix souhaité.

6.4 La recherche des offres spéciales et des rabais cachés

Lorsque vous négociez, soyez attentif aux offres spéciales et aux rabais cachés. Certains vendeurs peuvent offrir des réductions supplémentaires pour les paiements en espèces, les achats en grande quantité ou pour les clients fidèles. Posez des questions et demandez si des offres spéciales sont disponibles, même si elles ne sont pas affichées. Parfois, les vendeurs sont prêts à faire des compromis pour conclure une vente.

6.5 La flexibilité et la recherche de solutions gagnant-gagnant

La négociation est un processus d'échange, il est donc important de faire preuve de flexibilité. Soyez ouvert à trouver des solutions qui satisferont à la fois vos besoins et ceux du vendeur. Parfois, cela peut signifier accepter un prix légèrement supérieur à celui initialement souhaité, mais obtenir des avantages supplémentaires tels que des produits gratuits, des services supplémentaires ou des garanties étendues. Cherchez des solutions gagnant-gagnant qui répondent aux intérêts des deux parties.

6.6 La négociation dans les supermarchés

Bien que les supermarchés ne soient pas traditionnellement des lieux de négociation, il existe néanmoins des stratégies pour obtenir des rabais. Soyez attentif aux étiquettes de prix incorrectes, aux produits proches de leur date de péremption ou aux articles endommagés. Signalez ces problèmes au personnel et demandez un rabais en conséquence. Certains supermarchés peuvent également offrir des réductions spéciales aux membres de leur programme de fidélité, alors assurez-vous d'en profiter.

La négociation est une compétence qui peut être développée avec la pratique et l'expérience. Soyez confiant, mais respectueux lors de vos négociations, et souvenez-vous que le refus d'une offre ne signifie pas nécessairement un échec. Continuez à explorer différentes options et opportunités de négociation. Dans le prochain chapitre, nous aborderons la question des produits de marque versus les produits génériques et comment faire des choix éclairés pour économiser de l'argent sans compromettre la qualité.

CHAPITRE 7:
LES PRODUITS
DE MARQUE VS
LES PRODUITS
GÉNÉRIQUES

Lorsque vous faites vos courses, vous êtes souvent confronté à un choix: acheter des produits de marque renommée ou opter pour des produits génériques moins chers. Dans ce chapitre, nous examinerons les différences entre les produits de marque et les produits génériques, et comment prendre des décisions éclairées pour économiser de l'argent sans compromettre la qualité.

7.1 Les produits de marque

Les produits de marque sont généralement ceux qui portent le nom d'une entreprise bien connue. Ils bénéficient souvent d'une reconnaissance de marque établie et peuvent être considérés comme des leaders dans leur domaine. Les produits de marque sont souvent accompagnés d'une promesse de qualité et d'une garantie de satisfaction. Cependant, ils ont tendance à être plus chers que les produits génériques, principalement en raison des coûts de marketing et de publicité associés à la construction de la marque.

7.2 Les produits génériques

Les produits génériques, également connus sous le nom de marques de distributeurs, sont des produits fabriqués par des entreprises qui ne sont pas des marques célèbres. Ils sont souvent vendus sous le nom du détaillant ou du supermarché où ils sont commercialisés. Les produits génériques sont généralement moins chers que leurs homologues de marque, car ils ont des coûts de marketing et de publicité moins élevés. Cependant, cela ne signifie pas nécessairement qu'ils sont de qualité inférieure.

7.3 Comparaison de la qualité

L'une des principales préoccupations lors du choix entre les produits de marque et les produits génériques est la qualité. Il est important de noter que la qualité des produits peut varier considérablement, indépendamment de la marque. Il est donc préférable de ne pas généraliser. Dans certains cas, les produits de marque peuvent offrir une qualité supérieure en raison de leur investissement dans la recherche et le développement, mais dans d'autres cas, les produits génériques peuvent offrir une qualité similaire, voire supérieure, à un prix inférieur. Il est donc essentiel de lire attentivement les étiquettes, de consulter les avis des consommateurs et de comparer les ingrédients et les caractéristiques des produits.

7.4 Le rapport qualité-prix

Lorsqu'il s'agit de décider entre les produits de marque et les produits génériques, il est important d'évaluer le rapport qualité-prix. Posez-vous les questions suivantes: Est-ce que le prix plus élevé des produits de marque est justifié par une qualité supérieure ou des caractéristiques spéciales? Les produits génériques offrent-ils une qualité similaire à un prix inférieur?

Considérez également vos préférences personnelles et vos besoins. Parfois, il peut être justifié de dépenser un peu plus pour un produit de marque si cela répond vraiment à vos attentes et à vos exigences, mais dans d'autres cas, les produits génériques peuvent offrir une excellente valeur pour votre argent.

7.5 Les avis des consommateurs et les recommandations

Les avis des consommateurs et les recommandations peuvent être une ressource précieuse lors du choix entre les produits de marque et les produits génériques. Recherchez les avis en ligne, les comparaisons de produits et les forums de discussion où les consommateurs partagent leurs expériences et leurs opinions. Cela vous permettra d'obtenir des informations réelles sur la qualité et la satisfaction des produits, indépendamment de leur marque. Gardez toutefois à l'esprit que les préférences individuelles peuvent varier, et ce qui fonctionne pour une personne peut ne pas fonctionner pour une autre.

7.6 Le compromis entre qualité et prix

En fin de compte, le choix entre les produits de marque et les produits génériques dépend de votre budget, de vos préférences personnelles et de vos besoins spécifiques. Il n'y a pas de réponse universelle. Il peut être judicieux de faire des tests et de trouver un équilibre entre qualité et prix. Parfois, vous pouvez opter pour des produits de marque pour certains articles qui vous tiennent à cœur, tout en choisissant des produits génériques pour d'autres articles plus courants.

7.7 L'expérimentation et la découverte

N'hésitez pas à expérimenter et à découvrir de nouveaux produits. Essayez des produits génériques et comparez-les avec les produits de marque que vous avez l'habitude d'acheter. Vous pourriez être agréablement surpris de constater que certains produits génériques offrent une qualité équivalente ou même supérieure à un prix plus abordable. Soyez ouvert à l'exploration et ne craignez pas de sortir de votre zone de confort.

En conclusion, le choix entre les produits de marque et les produits génériques dépend de plusieurs facteurs, tels que la qualité recherchée, le budget disponible et les préférences individuelles. Il n'y a pas de bonne ou de mauvaise réponse, et il est important de faire des choix éclairés en fonction de vos besoins spécifiques. Dans le prochain chapitre, nous aborderons l'importance de la gestion des stocks et comment cela peut vous aider à éviter le gaspillage alimentaire et à économiser de l'argent.

CHAPITRE 8: LE POTAGER À DOMICILE: CULTIVER SES PROPRES ALIMENTS

Une façon gratifiante d'économiser de l'argent tout en ayant un contrôle sur la qualité de vos aliments est de cultiver votre propre potager à domicile. Dans ce chapitre, nous explorerons les avantages de cultiver vos propres aliments, les étapes pour démarrer un potager et les conseils pour réussir votre jardinage.

8.1 Les avantages de cultiver vos propres aliments

Cultiver votre propre potager présente de nombreux avantages. Tout d'abord, cela vous permet d'avoir un approvisionnement constant en aliments frais et nutritifs. Vous pouvez choisir les variétés que vous préférez et cultiver des légumes, des herbes et même des fruits selon vos besoins et vos goûts. De plus, le fait de cultiver vos propres aliments vous donne un contrôle total sur les pratiques de culture, vous permettant de privilégier des méthodes biologiques et respectueuses de l'environnement. Enfin, cela peut également être une activité enrichissante, relaxante et éducative pour toute la famille.

8.2 Les étapes pour démarrer un potager

Démarrer un potager à domicile peut sembler intimidant, mais cela peut être fait avec un peu de planification et de préparation. Voici les étapes de base pour vous lancer :

8.2.1 Choisissez un emplacement : Trouvez un endroit dans votre jardin qui reçoit suffisamment de lumière du soleil et qui est accessible pour l'arrosage et l'entretien. Si vous n'avez pas de jardin, vous pouvez également envisager des conteneurs sur un balcon ou une terrasse.

8.2.2 Préparez le sol : Retournez le sol et retirez les mauvaises herbes, les pierres et autres débris. Ajoutez du compost ou du fumier bien décomposé pour améliorer la fertilité du sol.

8.2.3 Choisissez vos cultures : Sélectionnez les légumes et les herbes que vous souhaitez cultiver. Tenez compte de la saison, de l'espace disponible et de vos préférences alimentaires. Optez également pour des variétés adaptées à votre climat.

8.2.4 Achetez des semences ou des plants : Procurez-vous des semences de qualité ou des plants sains auprès de fournisseurs réputés. Suivez les instructions de semis et de plantation fournies sur les paquets de semences ou demandez des conseils à votre pépiniériste local.

8.2.5 Plantez et entretenez votre potager : Suivez les instructions de plantation en ce qui concerne la profondeur, l'espacement et les besoins en eau de chaque plante. Arrosez régulièrement, désherbez et surveillez les ravageurs et les maladies. N'oubliez pas d'apporter les soins appropriés, tels que la taille et la fertilisation, au fur et à mesure de la croissance de vos plantes.

8.3 Conseils pour réussir votre jardinage

Pour réussir votre jardinage et maximiser vos économies, voici quelques conseils utiles :

8.3.1 Choisissez des cultures adaptées à votre climat et à votre région. Renseignez-vous sur les périodes de plantation optimales et les exigences spécifiques pour chaque culture.

8.3.2 Pratiquez la rotation des cultures pour éviter l'épuisement du sol et la propagation des maladies. Ne plantez pas la même famille de légumes au même endroit chaque année.

8.3.3 Utilisez des méthodes de jardinage biologiques pour éviter les produits chimiques. Utilisez du compost, des paillis organiques et des techniques de lutte biologique pour protéger vos plantes des ravageurs et des maladies.

8.3.4 Récoltez vos légumes au bon moment. Apprenez à reconnaître les signes de maturité pour chaque légume afin de les récolter au meilleur moment.

8.3.5 Partagez vos excédents avec vos voisins, vos amis ou votre communauté. Cela favorise le partage et renforce les liens sociaux, tout en évitant le gaspillage alimentaire.

8.4 Les autres options pour cultiver ses propres aliments

Si vous n'avez pas d'espace extérieur, vous pouvez toujours cultiver vos propres aliments en utilisant des méthodes alternatives. Les jardins verticaux, les jardins surélevés, les jardins en conteneurs ou même les jardins d'intérieur avec des lampes de croissance peuvent être des options pratiques pour les espaces restreints.

Cultiver votre propre potager à domicile est une expérience gratifiante qui vous permet d'économiser de l'argent et de profiter d'aliments frais et sains. Cela demande du temps, de l'effort et un peu de savoir-faire, mais les récompenses en valent la peine. Dans le prochain chapitre, nous aborderons les conseils pour planifier vos repas et optimiser vos achats en fonction de votre potager et des produits de saison.

CHAPITRE 9: LA CUISINE ÉCONOMIQUE: RECETTES SAVOUREUSES À PETIT PRIX

Lorsque vous cherchez à économiser de l'argent, la cuisine peut devenir votre meilleur allié. En préparant des repas maison, vous avez un contrôle total sur les ingrédients utilisés et vous pouvez faire des choix judicieux pour économiser tout en vous régalant. Dans ce chapitre, nous partagerons avec vous des recettes savoureuses à petit prix pour vous aider à cuisiner de manière économique.

9.1 Les légumes à petit prix

Les légumes sont souvent abordables et constituent une excellente base pour des plats économiques. Les légumes racines tels que les pommes de terre, les carottes et les oignons sont polyvalents et peuvent être utilisés dans de nombreuses recettes. Les légumes-feuilles comme les épinards, le chou frisé et la bette à carde sont également abordables et riches en nutriments. Expérimentez avec différents légumes et découvrez de nouvelles façons de les préparer pour des repas économiques et délicieux.

9.2 Les protéines peu coûteuses

Les protéines sont souvent l'un des postes de dépenses les plus importants dans le budget alimentaire. Cependant, il existe des options peu coûteuses pour obtenir des protéines de qualité. Les légumineuses comme les lentilles, les pois chiches et les haricots sont une excellente source de protéines végétales économiques. Les œufs sont également une protéine peu coûteuse et polyvalente, pouvant être utilisés dans de nombreux plats. Les coupes de viande moins chères comme le poulet, la dinde ou le porc peuvent également être préparées de manière savoureuse sans dépenser une fortune.

9.3 Les céréales et les pâtes

Les céréales et les pâtes sont des aliments de base abordables qui peuvent être utilisés comme base pour de nombreux plats. Le riz, les pâtes, le quinoa et l'orge sont des exemples de céréales peu coûteuses qui peuvent être utilisées dans des recettes variées. Ils sont également très polyvalents, ce qui signifie que vous pouvez les accompagner de différents légumes, protéines et sauces pour créer des plats savoureux à petit prix.

9.4 Les plats à base de soupes et de ragoûts

Les soupes et les ragoûts sont des options économiques pour nourrir toute la famille. Ils permettent d'utiliser des ingrédients peu coûteux tels que les légumes, les légumineuses et les coupes moins chères de viande. Les soupes peuvent être préparées en grandes quantités et congelées pour une utilisation ultérieure, ce qui vous permet d'économiser du temps et de l'argent.

9.5 Les restes et les repas réinventés

Ne sous-estimez pas le potentiel des restes pour créer de nouveaux repas économiques. Les restes de légumes, de viande ou de céréales peuvent être réutilisés pour préparer des salades, des omelettes, des wraps ou des plats sautés. Vous pouvez également réinventer les restes en les transformant en boulettes, en croquettes ou en gratins. Soyez créatif et utilisez votre imagination pour donner une nouvelle vie à vos restes.

9.6 Les astuces pour économiser en cuisine

En plus des choix d'ingrédients, il existe d'autres astuces pour économiser en cuisine :

9.6.1 Planifiez vos repas : Établissez un plan de repas hebdomadaire et faites une liste d'achats en fonction de cela. Cela vous évitera d'acheter des ingrédients inutiles et de réduire le gaspillage alimentaire.

9.6.2 Achetez en vrac : Achetez des produits secs tels que les céréales, les légumineuses et les épices en vrac. Cela vous permet d'économiser de l'argent et de n'acheter que la quantité dont vous avez besoin.

9.6.3 Utilisez des coupons et profitez des promotions : Surveillez les coupons de réduction et les promotions spéciales dans les magasins ou en ligne. Cela peut vous permettre d'économiser sur certains ingrédients ou produits.

9.6.4 Cuisinez en grande quantité : Préparez des plats en grande quantité et congelez les portions individuelles pour les repas futurs. Cela vous permet de réduire les coûts et de gagner du temps.

9.6.5 Expérimentez avec les épices et les herbes : Les épices et les herbes peuvent donner beaucoup de saveur à un plat sans dépenser beaucoup d'argent. Expérimentez avec différentes combinaisons pour ajouter de la variété à vos repas.

La cuisine économique ne signifie pas sacrifier la saveur ou la qualité. Avec des choix judicieux d'ingrédients et quelques astuces pour économiser, vous pouvez préparer des repas savoureux à petit prix. Dans le prochain chapitre, nous aborderons la question de la réduction du gaspillage alimentaire et comment optimiser l'utilisation des restes pour économiser davantage.

CHAPITRE 10: GESTION DES RESTES ET RECYCLAGE ALIMENTAIRE

La gestion des restes alimentaires est un aspect essentiel de la cuisine économique et durable. En réduisant le gaspillage alimentaire et en recyclant les restes, vous pouvez économiser de l'argent tout en adoptant une approche respectueuse de l'environnement. Dans ce chapitre, nous explorerons des stratégies et des astuces pour gérer efficacement les restes alimentaires et les recycler de manière créative.

10.1 Comprendre le gaspillage alimentaire

Il est important de prendre conscience de l'ampleur du gaspillage alimentaire et de ses impacts. Chaque année, une quantité énorme de nourriture est jetée, contribuant à la fois à des pertes économiques et à des problèmes environnementaux. Comprendre l'importance de réduire le gaspillage alimentaire est le premier pas vers une gestion plus efficace des restes.

10.2 Planifier les repas et les portions

La planification des repas est une stratégie clé pour réduire le gaspillage alimentaire. En établissant un menu hebdomadaire et en estimant les portions nécessaires, vous pouvez éviter d'acheter et de préparer plus que ce dont vous avez réellement besoin. Cela permet de réduire le risque de surplus et de restes inutilisés.

10.3 Réutiliser les restes pour de nouveaux repas

Un moyen créatif de gérer les restes alimentaires est de les réutiliser pour créer de nouveaux repas. Les restes de viande peuvent être transformés en sandwiches, en salades, en ragoûts ou en pizzas. Les légumes peuvent être utilisés dans des soupes, des sautés ou des quiches. Soyez créatif et recherchez des recettes qui vous permettent d'utiliser efficacement les restes et de créer de délicieux repas à partir de ce que vous avez déjà.

10.4 Congeler les restes pour une utilisation ultérieure

La congélation est une excellente option pour conserver les restes et les utiliser ultérieurement. Investissez dans des contenants adaptés à la congélation ou des sacs de congélation hermétiques pour conserver les restes en portions individuelles. Étiquetez et datez les contenants pour une identification facile. Cela vous permettra de profiter des restes plus tard, lorsque vous n'avez pas le temps ou l'envie de cuisiner.

10.5 Composter les déchets alimentaires

Si vous avez un jardin ou un espace extérieur, le compostage est une excellente façon de recycler les déchets alimentaires. Les restes de fruits, de légumes et de grains peuvent être compostés pour produire un engrais naturel et nutritif pour vos plantes. Renseignez-vous sur les méthodes de compostage adaptées à votre environnement et commencez à réduire le volume de déchets alimentaires envoyés à la poubelle.

10.6 Partager les restes avec les autres

Si vous avez des restes alimentaires en quantité importante, envisagez de les partager avec des amis, des voisins ou des membres de votre communauté. Vous pouvez organiser des repas partagés, des échanges de plats cuisinés ou des dons à des associations caritatives locales. Cela permet non seulement de réduire le gaspillage, mais aussi de créer des liens et de faire preuve de générosité envers les autres.

10.7 Faire preuve de créativité et d'ouverture d'esprit

Pour gérer efficacement les restes alimentaires, il est important de faire preuve de créativité et d'ouverture d'esprit. Ne vous limitez pas aux recettes traditionnelles, mais explorez de nouvelles façons d'utiliser les restes. Les restes de légumes peuvent être transformés en soupes, en boulettes ou en purées. Les restes de pain peuvent être utilisés pour préparer des croûtons, du pain perdu ou des panures croustillantes. Laissez libre cours à votre imagination et expérimentez de nouvelles saveurs et textures.

La gestion des restes alimentaires est une étape importante vers une cuisine économique et durable. En réduisant le gaspillage et en recyclant les restes, vous économisez de l'argent, préservez les ressources naturelles et contribuez à la préservation de l'environnement. Dans le prochain chapitre, nous aborderons l'importance de l'épicerie intelligente et comment vous pouvez faire des choix éclairés pour économiser de l'argent lors de vos achats.

CHAPITRE 11: LES MARCHÉS LOCAUX ET LES PRODUCTEURS INDÉPENDANTS

Lorsque vous cherchez à économiser de l'argent tout en soutenant l'économie locale, les marchés locaux et les producteurs indépendants sont des ressources précieuses à explorer. Dans ce chapitre, nous mettrons en évidence les avantages de faire ses achats dans les marchés locaux, nous partagerons des conseils pour tirer le meilleur parti de cette expérience et nous soulignerons l'importance de soutenir les producteurs indépendants.

11.1 Les avantages des marchés locaux

Les marchés locaux offrent de nombreux avantages tant pour les consommateurs que pour les producteurs. Voici quelques-uns des principaux avantages :

11.1.1 Produits frais et de saison : Les marchés locaux sont souvent la meilleure source de produits frais et de saison. Les fruits, les légumes, les viandes, les produits laitiers et autres produits alimentaires vendus sur les marchés proviennent généralement de producteurs locaux, ce qui signifie qu'ils ont parcouru une distance plus courte et sont plus frais que les produits des grandes chaînes de distribution.

11.1.2 Qualité supérieure : Les producteurs locaux sont souvent très engagés dans la qualité de leurs produits. Ils mettent tout en œuvre pour offrir des aliments de qualité supérieure, souvent produits selon des méthodes traditionnelles ou biologiques. En achetant directement auprès d'eux, vous avez la garantie de produits de qualité.

11.1.3 Soutien à l'économie locale : Les marchés locaux sont un moteur économique important pour les communautés locales. En achetant auprès des producteurs locaux, vous soutenez directement l'économie de votre région, aidant ainsi à maintenir les emplois locaux et à renforcer le tissu social de votre communauté.

11.1.4 Découverte de saveurs uniques : Les marchés locaux offrent souvent une variété de produits uniques et spécialisés que vous ne trouverez pas dans les supermarchés. C'est l'occasion de découvrir de nouvelles saveurs, de goûter à des produits artisanaux et de soutenir la diversité culinaire de votre région.

11.2 Conseils pour profiter des marchés locaux

Pour tirer le meilleur parti de votre expérience d'achat dans les marchés locaux, voici quelques conseils utiles :

11.2.1 Planifiez vos visites : Renseignez-vous sur les jours et les heures d'ouverture des marchés locaux dans votre région et planifiez vos visites en conséquence. Certains marchés ont des jours spécifiques pour les produits frais, les produits artisanaux ou les événements spéciaux.

11.2.2 Faites une liste : Avant de vous rendre au marché, faites une liste des produits que vous souhaitez acheter. Cela vous aidera à rester concentré et à éviter les achats impulsifs.

11.2.3 Soyez flexible : Les marchés locaux offrent une plus grande variété de produits, mais ils peuvent également varier en fonction de la saison et des disponibilités. Soyez prêt à être flexible dans vos choix et à découvrir de nouvelles options en fonction de ce qui est disponible.

11.2.4 Parlez aux producteurs : N'hésitez pas à engager une conversation avec les producteurs. Ils sont souvent passionnés par leur travail et seront ravis de répondre à vos questions, de vous donner des conseils de préparation ou même de partager des recettes.

11.3 Soutenir les producteurs indépendants

En plus des marchés locaux, il est important de soutenir les producteurs indépendants dans votre région. Ces petits producteurs sont souvent confrontés à des défis économiques et à une concurrence accrue des grandes chaînes de distribution. En choisissant d'acheter directement auprès d'eux, vous les aidez à continuer à cultiver leurs terres, à produire des aliments de qualité et à maintenir la diversité agricole.

11.4 Les initiatives communautaires et les paniers de produits locaux

De nombreuses communautés proposent des initiatives telles que les paniers de produits locaux ou les coopératives d'achat. Ces initiatives permettent d'acheter des produits directement auprès des producteurs locaux et de les recevoir régulièrement à votre porte. C'est une excellente façon de soutenir les producteurs indépendants et de bénéficier d'une variété de produits locaux à un prix abordable.

En conclusion, les marchés locaux et les producteurs indépendants offrent une multitude d'avantages tant pour les consommateurs que pour les communautés locales. En achetant localement, vous avez accès à des produits frais et de qualité tout en soutenant l'économie de votre région. Dans le prochain chapitre, nous aborderons l'importance de la prévention du gaspillage alimentaire dès l'étape de l'achat et comment faire des choix éclairés pour réduire le gaspillage.

CHAPITRE 12: RÉDUIRE LE GASPILLAGE ALIMENTAIRE: TECHNIQUES ET CONSEILS

Le gaspillage alimentaire est un problème majeur dans notre société moderne. Non seulement cela a un impact sur notre portefeuille, mais cela contribue également à des problèmes environnementaux tels que la consommation excessive de ressources naturelles et la production de déchets. Dans ce chapitre, nous partagerons des techniques et des conseils pour vous aider à réduire le gaspillage alimentaire dans votre quotidien.

12.1 Planifier les repas et les achats

Une planification adéquate des repas et des achats est essentielle pour réduire le gaspillage alimentaire. Avant d'aller faire les courses, prenez le temps de planifier les repas pour la semaine. Faites une liste des ingrédients nécessaires et tenez compte des produits que vous avez déjà à la maison. Cela vous évitera d'acheter des aliments en excès et de finir par les gaspiller.

12.2 Conserver et stocker correctement les aliments

Une bonne conservation des aliments est cruciale pour éviter le gaspillage. Assurez-vous de connaître les bonnes pratiques de stockage pour chaque type d'aliment. Les légumes et les fruits peuvent nécessiter un stockage au réfrigérateur ou à température ambiante, tandis que les produits laitiers et les viandes doivent être stockés au réfrigérateur à des températures appropriées. Utilisez également des contenants hermétiques pour conserver les restes de repas et les aliments ouverts.

12.3 Réutiliser les restes

Les restes alimentaires peuvent souvent être réutilisés pour créer de nouveaux repas délicieux. Soyez créatif et utilisez vos restes de légumes, de viandes ou de céréales pour préparer des soupes, des ragoûts, des omelettes, des salades ou des wraps. Réinventez les restes en leur donnant une nouvelle vie, plutôt que de les laisser se perdre dans le réfrigérateur.

12.4 Comprendre les dates de péremption

Il est important de comprendre les dates de péremption sur les emballages des aliments. Les dates de péremption peuvent être "à consommer avant" ou "à consommer de préférence avant". Apprenez à les différencier et à les interpréter correctement. Les aliments avec une date de péremption proche peuvent toujours être consommés en toute sécurité, tant qu'ils sont stockés et manipulés correctement.

12.5 Éviter les achats impulsifs

Les achats impulsifs sont l'une des principales causes du gaspillage alimentaire. Avant de succomber à l'achat d'aliments non planifiés, réfléchissez à leur réelle nécessité et à la façon dont vous allez les utiliser. Souvent, ces achats impulsifs se retrouvent au fond du réfrigérateur, non consommés et finissent par être jetés.

12.6 Utiliser les épluchures et les restes

Les épluchures de légumes et les restes d'aliments peuvent être utilisés de manière créative. Les épluchures de légumes peuvent être utilisées pour faire un bouillon maison ou peuvent être compostées pour nourrir vos plantes. Les restes de viande peuvent être utilisés pour préparer un bouillon ou un bouillon d'os savoureux. Expérimentez avec ces parties souvent négligées des aliments et découvrez de nouvelles saveurs.

12.7 Donner ou partager les excédents

Si vous avez des aliments en excès, pensez à les donner à des amis, à la famille, à des voisins ou à des associations caritatives locales. Il y a souvent des personnes dans le besoin qui apprécieront votre geste. Certaines communautés ont également des initiatives de partage d'aliments où vous pouvez donner ou échanger vos excédents avec d'autres personnes.

12.8 La gestion des quantités lors des repas à l'extérieur

Lorsque vous mangez à l'extérieur, il est courant de se retrouver avec des quantités excessives de nourriture. Si possible, partagez un repas avec quelqu'un d'autre ou demandez à emporter les restes pour les consommer ultérieurement. Il est préférable de ne pas gaspiller de la nourriture simplement parce que les portions servies sont trop grandes.

12.9 Sensibilisation et éducation

Sensibilisez votre entourage à la problématique du gaspillage alimentaire et partagez des conseils et des astuces pour réduire le gaspillage. Éduquez les enfants sur l'importance de ne pas gaspiller la nourriture et de respecter les aliments. Ensemble, nous pouvons faire une différence en réduisant collectivement le gaspillage alimentaire.

En réduisant le gaspillage alimentaire, vous économisez de l'argent, vous contribuez à la préservation de l'environnement et vous faites preuve de responsabilité sociale. Adoptez ces techniques et conseils dans votre quotidien et devenez un consommateur conscient et responsable. Dans le prochain chapitre, nous aborderons les stratégies pour économiser de l'argent lors de vos achats alimentaires tout en maintenant une alimentation saine et équilibrée.

CHAPITRE 13: LES REPAS À L'EXTÉRIEUR: ÉCONOMISER SANS SE PRIVER

Manger à l'extérieur est un plaisir que beaucoup d'entre nous apprécient, mais cela peut rapidement devenir coûteux. Cependant, cela ne signifie pas que vous devez vous priver de ces expériences culinaires. Dans ce chapitre, nous partagerons des conseils et des stratégies pour économiser de l'argent tout en profitant de repas à l'extérieur.

13.1 Recherchez les offres et les promotions

Avant de choisir un restaurant, prenez le temps de rechercher les offres et les promotions disponibles. De nombreux établissements proposent des menus spéciaux, des happy hours ou des réductions sur certaines journées de la semaine. Consultez les sites web des restaurants, les applications de restauration ou les sites de coupons pour trouver les meilleures offres près de chez vous.

13.2 Optez pour les déjeuners ou les brunchs

Les repas du midi sont souvent moins chers que les dîners. Si votre emploi du temps le permet, optez pour un déjeuner ou un brunch au lieu d'un dîner pour économiser de l'argent. De nombreux restaurants proposent également des menus spéciaux ou des formules déjeuner abordables qui vous permettent de déguster de délicieux plats à un prix réduit.

13.3 Partagez les plats

Les portions servies dans les restaurants sont souvent généreuses. Si vous n'avez pas un appétit énorme, envisagez de partager un plat avec quelqu'un d'autre. Non seulement cela vous permettra de réduire les coûts, mais cela vous permettra également de goûter à une plus grande variété de plats. Assurez-vous de vérifier si le restaurant permet le partage des plats avant de le faire.

13.4 Privilégiez les plats végétariens ou à base de plantes

Les plats végétariens ou à base de plantes sont souvent moins chers que les plats à base de viande. Opter pour des options végétariennes peut vous aider à économiser de l'argent tout en faisant des choix plus sains. De plus, de nombreux restaurants proposent désormais des plats végétariens créatifs et délicieux qui raviront vos papilles.

13.5 Explorez les cuisines ethniques

Les restaurants proposant des cuisines ethniques sont souvent moins chers que les restaurants haut de gamme. Explorez les options de restaurants asiatiques, mexicains, indiens ou méditerranéens dans votre région pour découvrir des saveurs différentes à des prix abordables. Ces restaurants peuvent offrir des plats délicieux et généreux à des tarifs plus avantageux que les restaurants traditionnels.

13.6 Évitez les boissons alcoolisées ou les boissons coûteuses

Les boissons alcoolisées et les boissons spéciales peuvent

rapidement faire grimper la note de votre repas. Si vous voulez économiser de l'argent, optez pour de l'eau, des boissons non alcoolisées ou des boissons gratuites comme le thé ou le café offerts dans certains restaurants. Vous pouvez toujours profiter d'une boisson spéciale de temps en temps, mais limitez-les pour économiser.

13.7 Soyez conscient des extras et des suppléments

Les extras et les suppléments peuvent rapidement augmenter le coût de votre repas. Soyez attentif aux frais supplémentaires pour les sauces, les accompagnements ou les garnitures. Évaluez si ces extras valent vraiment la dépense supplémentaire ou si vous pouvez vous en passer.

13.8 Emportez les restes

Si vous ne parvenez pas à terminer votre repas au restaurant, n'hésitez pas à demander à emporter les restes. Cela vous permettra de profiter d'un deuxième repas à la maison et de maximiser la valeur de votre argent dépensé.

13.9 Découvrez les food trucks et les marchés alimentaires

Les food trucks et les marchés alimentaires sont des options abordables pour profiter de repas savoureux à l'extérieur. Les food trucks offrent souvent des plats délicieux à des prix compétitifs, tandis que les marchés alimentaires vous permettent de goûter à une variété de plats proposés par différents stands. Explorez ces alternatives pour une expérience culinaire abordable.

13.10 Faites preuve de modération

La clé pour économiser de l'argent tout en profitant de repas à l'extérieur est de faire preuve de modération. Vous n'avez pas besoin de manger à l'extérieur tous les jours. Réservez ces occasions spéciales ou les moments où vous voulez vraiment vous faire plaisir. En faisant preuve de modération, vous pouvez économiser de l'argent et apprécier davantage ces moments culinaires.

En suivant ces conseils, vous pouvez profiter de repas à l'extérieur sans dépenser une fortune. N'oubliez pas que manger à l'extérieur est avant tout une expérience sociale et gustative, alors profitez de chaque bouchée et faites de ces moments de véritables plaisirs. Dans le prochain chapitre, nous aborderons l'importance de la préparation des repas à la maison et comment cela peut vous aider à économiser de l'argent et à maintenir une alimentation équilibrée.

CHAPITRE 14: LA CONSERVATION DES ALIMENTS: STOCKAGE ET CONGÉLATION

La conservation des aliments est essentielle pour éviter le gaspillage et prolonger la durée de vie de vos produits alimentaires. Une bonne méthode de stockage et de congélation peut vous aider à économiser de l'argent en préservant la fraîcheur des aliments plus longtemps. Dans ce chapitre, nous partagerons des conseils et des techniques pour une conservation efficace des aliments.

14.1 Le stockage des aliments au réfrigérateur

Le réfrigérateur est un élément clé de la conservation des aliments. Voici quelques directives pour un stockage optimal au réfrigérateur :

- Assurez-vous que votre réfrigérateur fonctionne correctement à la bonne température, généralement entre 1 °C et 4 °C.

- Rangez les aliments périssables, tels que les viandes, les produits laitiers et les plats préparés, dans la partie la plus froide du réfrigérateur.

- Emballez les aliments correctement pour éviter les contaminations croisées. Utilisez des contenants hermétiques, des sacs de congélation ou du papier aluminium pour envelopper les aliments.

- Respectez les dates de péremption indiquées sur les emballages des aliments et utilisez les aliments ouverts dans les délais recommandés.

14.2 La conservation des aliments secs

Les aliments secs tels que les céréales, les pâtes, les légumineuses et les épices nécessitent également une bonne conservation pour maintenir leur fraîcheur et prévenir les infestations d'insectes. Voici quelques conseils :

- Stockez les aliments secs dans des contenants hermétiques, tels que des bocaux en verre ou des récipients en plastique, pour les protéger de l'humidité et des insectes.

- Placez les contenants dans un endroit frais, sec et à l'abri de la lumière directe du soleil.

- Étiquetez les contenants avec la date d'achat et la date de péremption pour vous aider à gérer l'inventaire et à utiliser les aliments dans les délais recommandés.

14.3 La congélation des aliments

La congélation est une méthode populaire et efficace pour conserver les aliments sur une longue période. Voici quelques conseils pour congeler correctement les aliments :

- Utilisez des sacs de congélation hermétiques ou des récipients adaptés à la congélation pour emballer les aliments.

- Retirez l'excès d'air des sacs de congélation pour éviter les brûlures de congélation.

- Étiquetez les emballages avec le nom de l'aliment et la date de congélation pour une identification facile.

- Congelez les aliments rapidement après leur préparation ou leur achat pour préserver leur fraîcheur.

- Respectez les durées de conservation recommandées pour chaque type d'aliment.

14.4 Les aliments adaptés à la congélation

Certains aliments se congèlent mieux que d'autres. Voici quelques exemples d'aliments adaptés à la congélation :

- Les fruits et légumes frais peuvent être préparés

 et congelés pour une utilisation ultérieure dans des smoothies, des sauces ou des desserts.

- Les viandes, les poissons et les volailles peuvent être congelés crus ou cuits. Veillez à retirer l'excès de graisse ou de peau avant de congeler.

- Les soupes, les sauces et les plats préparés peuvent être portionnés et congelés pour des repas rapides et pratiques.

- Les pains, les pâtisseries et les restes de repas peuvent également être congelés pour une utilisation ultérieure.

14.5 La décongélation des aliments

La décongélation des aliments doit être effectuée de manière sûre pour éviter la prolifération des bactéries. Voici quelques méthodes recommandées pour la décongélation des aliments :

- La méthode la plus sûre consiste à décongeler les aliments au réfrigérateur. Cela permet une décongélation lente et contrôlée.

- Pour une décongélation plus rapide, vous pouvez utiliser le mode décongélation du micro-ondes. Assurez-vous de suivre les instructions du fabricant pour éviter la surcuisson.

- Évitez de décongeler les aliments à température ambiante, car cela favorise la multiplication des bactéries.

14.6 Les restes et leur conservation

Les restes de repas peuvent être conservés en toute sécurité pour être consommés ultérieurement. Voici quelques conseils pour la conservation des restes :

- Refroidissez rapidement les restes en les plaçant au réfrigérateur dans des contenants hermétiques.

- Utilisez les restes dans les deux jours suivant leur préparation initiale.

- Réchauffez les restes à une température adéquate pour assurer une cuisson uniforme et éviter les risques de contamination.

En suivant ces conseils, vous pourrez optimiser la durée de conservation de vos aliments et éviter le gaspillage. La conservation des aliments est une compétence précieuse qui peut vous aider à économiser de l'argent et à profiter de repas frais et délicieux. Dans le prochain chapitre, nous aborderons l'importance de la gestion du budget alimentaire et comment faire des choix éclairés pour dépenser moins tout en maintenant une alimentation équilibrée.

CHAPITRE 15: FAIRE SES COURSES EN LIGNE: AVANTAGES ET PRÉCAUTIONS

Faire ses courses en ligne est devenu de plus en plus populaire, offrant une alternative pratique aux courses traditionnelles en magasin. Dans ce chapitre, nous explorerons les avantages de faire ses courses en ligne ainsi que les précautions à prendre pour une expérience réussie.

15.1 Les avantages des courses en ligne

Les courses en ligne offrent de nombreux avantages, notamment :

15.1.1 Confort et praticité : Faire ses courses en ligne permet d'éviter les déplacements en magasin et les files d'attente. Vous pouvez faire vos achats depuis chez vous, à tout moment qui vous convient, en économisant du temps et de l'énergie.

15.1.2 Large sélection de produits : Les supermarchés en ligne offrent une vaste sélection de produits, souvent plus large que ce que l'on trouve en magasin. Vous avez accès à une variété de marques, de produits frais, de produits biologiques, et vous pouvez facilement comparer les prix et les options.

15.1.3 Économie de temps et d'argent : Faire ses courses en ligne permet de gagner du temps précieux. Vous n'avez pas à vous déplacer en magasin, à chercher les produits ou à attendre à la caisse. De plus, vous pouvez éviter les achats impulsifs et mieux contrôler votre budget en voyant le total de vos achats avant de finaliser votre commande.

15.1.4 Livraison à domicile : De nombreux services de courses en ligne proposent la livraison à domicile. Cela vous évite de transporter des sacs lourds et de vous déplacer. Vous pouvez recevoir vos achats directement à votre porte, ce qui est particulièrement pratique si vous avez des contraintes physiques ou un emploi du temps chargé.

15.2 Les précautions à prendre

Malgré les nombreux avantages, il est important de prendre certaines précautions lors de vos courses en ligne. Voici quelques points à considérer :

15.2.1 Vérifiez la réputation du vendeur : Avant de faire vos achats en ligne, vérifiez la réputation du vendeur ou du supermarché en ligne. Consultez les avis des clients, recherchez des retours d'expérience et assurez-vous de choisir un fournisseur fiable et réputé.

15.2.2 Vérifiez la date de péremption des produits : Lorsque vous recevez vos courses, vérifiez attentivement les dates de péremption des produits. Assurez-vous de recevoir des produits frais et de bonne qualité. Si un produit est proche de sa date de péremption, contactez le service client pour demander un remplacement ou un remboursement.

15.2.3 Vérifiez les frais de livraison : Avant de finaliser votre commande, assurez-vous de connaître les frais de livraison. Certains supermarchés en ligne offrent la livraison gratuite au-delà d'un certain montant d'achat, tandis que d'autres facturent des frais fixes ou variables. Assurez-vous de prendre en compte ces coûts lors de la comparaison des prix.

15.2.4 Protégez vos informations personnelles : Lorsque vous effectuez des achats en ligne, assurez-vous de protéger vos informations personnelles et financières. Utilisez des sites sécurisés, évitez les connexions publiques non sécurisées et assurez-vous que le site de paiement est fiable et bien protégé.

15.2.5 Vérifiez attentivement votre commande : Lorsque vous recevez vos courses, vérifiez attentivement les articles livrés. Assurez-vous que tous les produits commandés sont inclus et que leur état est conforme à vos attentes. Si vous constatez un problème, contactez le service client pour résoudre la situation.

15.3 Faire ses courses en ligne de manière responsable

Pour une expérience réussie des courses en ligne, voici quelques conseils supplémentaires :

15.3.1 Planifiez vos achats : Avant de commencer vos courses en ligne, établissez une liste des produits dont vous avez besoin. Cela vous évitera d'acheter impulsivement et vous aidera à rester concentré sur les articles essentiels.

15.3.2 Comparez les prix et les options : Profitez de la facilité de comparaison des prix en ligne. Parcourez différents sites ou applications de supermarchés pour trouver les meilleures offres et les produits qui répondent le mieux à vos besoins.

15.3.3 Soyez flexible : Les supermarchés en ligne peuvent parfois avoir des ruptures de stock ou des produits indisponibles. Soyez prêt à être flexible et à ajuster votre liste de courses en conséquence. Vous pouvez également choisir des alternatives ou des marques alternatives pour les produits non disponibles.

15.3.4 Planifiez vos créneaux de livraison : Si vous optez pour la livraison à domicile, planifiez vos créneaux de livraison en fonction de votre disponibilité. Choisissez un moment où vous serez à la maison pour recevoir vos courses et éviter les retards ou les problèmes de livraison.

15.3.5 Donnez votre avis : Après avoir reçu vos courses en ligne, n'hésitez pas à donner votre avis sur le service et les produits. Vos commentaires peuvent aider d'autres consommateurs à prendre des décisions éclairées et peuvent également contribuer à l'amélioration du service.

En suivant ces conseils et précautions, vous pouvez profiter pleinement des avantages des courses en ligne tout en ayant une expérience sûre et satisfaisante. La commodité et la flexibilité offertes par les courses en ligne peuvent vous aider à économiser du temps et de l'énergie, tout en vous permettant de gérer efficacement votre budget.

CONCLUSION

Dans ce livre, nous avons exploré diverses stratégies et techniques pour faire ses courses et se nourrir en dépensant moins. Nous avons abordé des sujets tels que la planification des repas, la création de listes de courses efficaces, les astuces pour économiser au supermarché, l'achat en vrac, l'art de la négociation, les choix entre produits de marque et produits génériques, la culture de ses propres aliments, la cuisine économique, la gestion des restes et le recyclage alimentaire, les marchés locaux et les producteurs indépendants, la conservation des aliments, les repas à l'extérieur et les courses en ligne.

À travers chaque chapitre, nous avons souligné l'importance de la planification, de la conscience et de l'éducation en matière de dépenses alimentaires. En adoptant ces conseils pratiques, vous pouvez non seulement économiser de l'argent, mais aussi améliorer votre relation avec la nourriture, réduire le gaspillage alimentaire et adopter des habitudes alimentaires plus saines et durables.

Faire ses courses et se nourrir en dépensant moins ne signifie pas se priver de nourriture de qualité ou de repas savoureux. Au contraire, cela consiste à être conscient de vos choix, à prendre des décisions éclairées et à utiliser des stratégies intelligentes pour obtenir le meilleur rapport qualité-prix.

En planifiant vos repas, en créant des listes de courses et en faisant preuve de créativité avec les restes, vous pouvez éviter les achats impulsifs, minimiser le gaspillage alimentaire et économiser de l'argent sur votre facture d'épicerie. Les astuces pour économiser au supermarché, telles que la recherche d'offres, l'utilisation de coupons et l'achat en vrac, peuvent également contribuer à réduire vos dépenses.

Nous avons également exploré l'importance des marchés locaux et des producteurs indépendants, qui offrent des produits frais, de qualité et souvent à des prix compétitifs. Soutenir ces initiatives locales renforce l'économie locale, encourage la durabilité et vous permet de vous connecter davantage à votre communauté.

La conservation des aliments et la gestion des restes sont des compétences précieuses pour maximiser l'utilisation des aliments et réduire le gaspillage. En apprenant à stocker et à congeler correctement les aliments, vous pouvez prolonger leur durée de vie et les utiliser de manière efficace dans vos repas.

Nous avons également abordé les repas à l'extérieur et les courses en ligne. Bien que ces options offrent commodité et flexibilité, il est important de faire preuve de discernement et de prendre des précautions pour assurer une expérience réussie.

En conclusion, faire ses courses et se nourrir en dépensant moins nécessite une approche proactive et consciente. Cela demande de la planification, de l'organisation et de la créativité, mais les récompenses en valent la peine. En économisant de l'argent sur vos dépenses alimentaires, vous pouvez avoir une plus grande stabilité financière, tout en favorisant une alimentation saine et équilibrée.

J'espère sincèrement que ce guide pratique vous a fourni les connaissances et les outils nécessaires pour faire des choix éclairés lors de vos courses et pour mieux gérer votre budget alimentaire. Rappelez-vous, il n'y a pas de solution unique pour tout le monde, mais en adaptant ces conseils à votre situation et à vos préférences personnelles, vous pouvez créer une approche qui vous convient.

Je vous encourage à continuer à explorer et à apprendre davantage sur la façon de faire des économies tout en vous nourrissant de manière saine et satisfaisante. Avec de la pratique et de la persévérance, vous développerez une expertise dans l'art de bien gérer votre budget alimentaire.

Bonnes courses et bon appétit !